Schnelle Rezepte für Diabetiker und zum Abnehmen

Inhaltsverzeichnis

1. Speisen

Allgemeines zur Zubereitung

Alle Rezepte sind für eine Person gedacht.

Für die meisten Speisen benutze ich einen Mikrowellenherd. Das hat den großen Vorteil, dass man kein zusätzliches Öl oder Fett, wie in der Pfanne benötigt.
Hühnchen oder Hackfleisch sollten nicht in der Mikrowelle gegart werden, weil dann Erreger wie Listerien und Viren überleben können.

Meine Mikrowelle hat 700 Watt Maximalleistung. Bei allen Gerichten in diesem Buch ist die Leistung auf die zweithöchste Stufe eingestellt. Das sind ca. 600 Watt.
Weitere Vorteile sind, dass die Garzeiten sehr kurz sind. Nur wenige Minuten.
Im Gegensatz zum E-Herd ist hier der Stromverbrauch minimal.

Bei den Pfannen-Gerichten verwende ich Wasser statt Öl, das die Anzahl der Kalorien stark

reduziert und der gute Geschmack trotzdem erhalten bleibt.
Weiters verzichte ich auf Sahne bzw. Schlagobers.

Wasserreiches Obst und Gemüse ist gesund und wirkt unterstützend bei der Gewichtsabnahme. Als Beilage zu den Hauptmahlzeiten eignen sich Gemüse und Kartoffeln besonders gut.

In diesem Buch wird auf Beilagen, wie Gemüse und Salat meist nicht näher eingegangen, weil ich zeigen will, wie man die Hauptgerichte effizient und kostengünstig zubereiten kann.

Man sollte auch die Diätarten wie Low-Carb und Trennkost berücksichtigen und in die Ernährung mit einbauen. Es reicht aber schon aus, wenn man auf Backwaren verzichten kann.

Bei den Joghurt-Rezepten kann auch laktosefreies Natur-Joghurt verwendet werden.
Ob ein Joghurt nur 1 % Fett oder 3,6 % Fett enthält spielt eher eine untergeordnete Rolle. Mehr Fettanteil sollte aber das Sättigungsgefühl stärken.

Hinweis für Diabetiker:
Nehmen Sie Ihre Medikamente gegen Diabetes weiterhin. Fragen Sie Ihren Arzt ob Sie nach längerem normalen Glucosespiegel eine Tablette absetzen können.

Reis vorkochen

Für eine Person.

Menge	Zutat
300 g	➢ Reis ungekocht
1 Liter	➢ Wasser kochend

Arbeitsablauf:

- Im Wasserkocher 1 Liter Wasser zum Kochen bringen.
- 300 Gramm trockenen Reis in einen geeigneten Topf geben.
- Das kochende Wasser in den Topf schütten.
- 15 bis 20 Minuten lang auf leichter Stufe kochen lassen.
- Den Reis ca. 5 bis 10 Minuten zugedeckt ziehen lassen. Dabei saugen die Körner das restliche Wasser noch auf.

Tipp: Geben Sie kein Salz dazu, das ist unnötig und erhöht nur Ihren täglichen Salzkonsum, der die Wassereinlagerungen im Körper fördert.

Aufbewahrung:

- Den Reis im Topf ca. 2 Stunden auf Zimmertemperatur abkühlen lassen.
- Danach den Reis in den Kühlschrank stellen, wo er ca. 3 Tage hält.

Foto vorgekochter Reis:

Reis mit Zwiebel und Käse

(ca. 330 kcal)

Das schmeckt so ähnlich wie Käsespätzle.

Laktosefreie und würzige Käsesorten: Bergkäse, Blauschimmelkäse, Parmesan, Emmentaler, Raclette, ...

Menge	Zutat	kcal
100 g	➤ gekochter Reis	120
40 g	➤ Bergkäse (würzig)	132
20 g	➤ Mozzarella gerieben	64
50 g	➤ Zwiebel gewürfelt	15
etwas	➤ Salz & Pfeffer	0
Gesamt:		**331**

Arbeitsablauf:

- Vorgekochten Reis in ein Suppenteller geben und mit Salz und Pfeffer würzen.
- Zwiebel hacken und zerkleinerten Käse darüber geben.
- Die Mikrowelle auf die zweit höchste (vorletzte) Stufe stellen.
- Das Ganze 1,5 Minuten in der Mikrowelle erhitzen. Der Teller braucht nicht abgedeckt werden.

- Die Speise verrühren bis der geschmolzene Käse Fäden zieht.

Fotos Reis mit Zwiebel und Käse:

Meine These:

Die Kohlehydrate vom Reis werden im Magen später zu Glucose umgewandelt. Nachdem der heiße Käse die meisten Reiskörner umhüllt, muss zuerst der Käse vom Magen verdaut werden. Die Reiskörner werden somit erst nach und nach zu Glucose umgewandelt, wodurch der Blutzucker kaum steigt und der Körper über längere Zeit mit Energie versorgt wird.
Nach eigenen Messungen mit dem Blutzuckermessgerät steigt der Glucosespiegel nur leicht an (Ich hatte starke Diabetes).

Das gleiche Prinzip gilt auch für die Nudelgerichte.

Reis mit Knoblauch und Käse

(ca. 322 kcal)

Das schmeckt sehr würzig und lecker.
Laktosefreie und würzige Käsesorten: Bergkäse,
Blauschimmelkäse, Parmesan, Emmentaler,
Raclette, ...

Menge	Zutat	kcal
100 g	➢ gekochter Reis	120
30 g	➢ Bergkäse, 10 g Blauschimmelkäse	132
20 g	➢ Mozzarella gerieben	64
4 g	➢ 1 Knoblauchzehe (gepresst/gewürfelt)	6
etwas	➢ Salz & Pfeffer	0
Gesamt:		**322**

Arbeitsablauf:
- Vorgekochten Reis in ein Suppenteller geben und mit Salz und Pfeffer würzen.
- 1 Zehe gepressten Knoblauch darüber geben und verteilen.
- Alles gut vermischen.
- Die Mikrowelle auf die zweit höchste (vorletzte) Stufe stellen.
- Das Ganze 1,5 Minuten in der Mikrowelle erhitzen. Der Teller braucht nicht abgedeckt werden.

- Die Speise verrühren bis der geschmolzene Käse mit den Reiskörnern gut vermischt ist.

<u>Foto Reis mit Knoblauch und Käse:</u>

Reis mit Ei, Curry und Käse

(ca. 402 kcal)

Laktosefreie und würzige Käsesorten: Bergkäse, Blauschimmelkäse, Parmesan, Emmentaler, Raclette, ...

Menge	Zutat	kcal
100 g	➢ gekochter Reis	120
40 g	➢ Bergkäse	132
20 g	➢ Mozzarella gerieben	64
Ein	➢ Ei	80
4 g	➢ 1 Knoblauchzehe (gepresst/gewürfelt)	6
etwas	➢ Curry, Salz & Pfeffer	0
Gesamt:		**402**

Arbeitsablauf:
- Vorgekochten Reis in ein Suppenteller geben.
- Reis mit rohem Ei vermengen. Mit etwas Curry, Salz &Pfeffer würzen.
- Den Teller 1 Minute in der Mikrowelle erhitzen.
- Käse (gewürfelt und/oder gerieben) darüber geben und in der Mikrowelle wieder 1 Minute lang erhitzen.

- Die Speise verrühren bis der Käse Fäden zieht.

Foto Reis mit Ei, Curry und Käse:

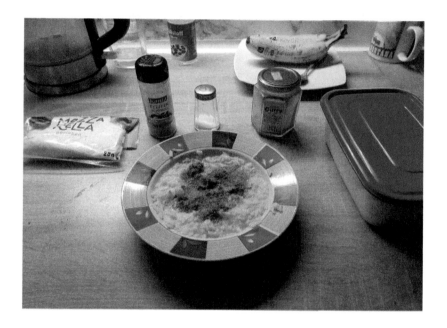

Brokkoli, Champignons, Ei & Käse

(ca. 251 kcal)

Garzeit: 5 Minuten
Laktosefreie und würzige Käsesorten: Bergkäse,
Blauschimmelkäse, Parmesan, Emmentaler,
Raclette, ...

Menge	Zutat	kcal
70 g	➢ Brokkoli (gefroren)	28
55 g	➢ Champignons	11
Ein	➢ Ei	80
40 g	➢ Käse	132
etwas	➢ Maggi, Salz & Pfeffer	0
Gesamt:		**251**

Zum Garen verwende ich eine große
Keramiktasse, somit liegt der Inhalt höher und die
Mikrowellenstrahlung kann das Gargut von allen
Seiten gut erreichen.

Arbeitsablauf:

- Eine Hand voll gefrorene Brokkolis in die Tasse geben und 2 Minuten in der Mikrowelle garen.
- Währenddessen 2-3 große (braune) Champignons waschen und schneiden.
- Die heißen Brokkolis mit Messer und Gabel zerkleinern.
- Champignons dazu geben und beides 1 Minute in der Mikrowelle garen.
- Ein Ei aufschlagen und dazu geben.
- Salz, Pfeffer und Maggi hinzugeben und gut vermischen. Das Maggi verstärkt den Geschmack der Champignons in Richtung Waldpilzsauce.
- Das Ganze wieder 1 Minute in der Mikro garen und dann durchmischen.
- Gewürfelten oder geriebenen Käse darauf geben und nochmals 1 Minute garen.
- Zum Schluss nochmals gut durchmengen und auf einen Teller geben.

Foto Brokkoli, Champignons, Ei & Käse:

Nudeln vorkochen

Für eine Person.

Menge	Zutat
300 g	➢ Nudeln ungekocht
1 Liter	➢ Wasser kochend

Arbeitsablauf:
- Im Wasserkocher 1 Liter Wasser zum Kochen bringen.
- 300 Gramm trockene Nudeln in einen geeigneten Topf geben.
- Das kochende Wasser in den Topf schütten.
- 5 Minuten lang auf leichter Stufe (100 Grad) kochen lassen.
- Dann 10 Minuten ziehen lassen bis die Nudeln aufgequollen sind.
- Die Nudeln in ein Sieb schütten.
- Die Nudeln zurück in den Topf leeren und mit kaltem Leitungswasser abkühlen.

Aufbewahrung:
- Die kalten Nudeln in ein Kunststoff-Gefäß geben und im Kühlschrank aufbewahren.

Tipp: Geben Sie kein Salz dazu, das ist unnötig und erhöht nur Ihren täglichen Salzkonsum, der die Wassereinlagerungen im Körper fördert.

Nudeln mit leichter Käse-Sauce

(ca. 500 kcal)

Menge	Zutat	kcal
70 g	➢ Nudeln oder Spaghetti (ungekocht)	245
4 g	➢ Knoblauch (1 große Zehe)	6
Ein	➢ Ei	80
40 g	➢ Käse	140
1 TL	➢ Mehl	30
etwas	➢ Salz & Pfeffer, 100 ml Wasser	0
Gesamt:		**501**

Arbeitsablauf:

- Nudeln im Topf mit heißem Wasser ohne Salz 14 Minuten kochen.
- In der Zwischenzeit:
- 100 ml Wasser in einer Pfanne zum Kochen bringen. Auf 80 Grad herunterschalten.
- Knoblauch pressen oder schneiden und dem Wasser beimengen.
- Ein Ei in die Pfanne hinein rühren.
- Käse würfelig schneiden und in der Pfanne zum Schmelzen bringen. Ich verwende 30 g Bergkäse und 10 g Blauschimmelkäse.
- 1 Teelöffel Mehl dazu stäuben, vermischen, bis die Sauce dickflüssig wird.
- Mit Salz und Pfeffer würzen.
- Ständig umrühren, damit sich nichts am Pfannenboden anlegt.
- Die Nudeln in ein Sieb geben und mit Leitungswasser etwas abkühlen.
- Die Sauce über die Nudeln geben und vermischen.

Foto Nudeln mit leichter Käse-Sauce:

Nudeln mit Käse und Knoblauch
(ca. 370 kcal)

Menge	Zutat	kcal
130 g	➢ Nudeln (gekocht)	195
4 g	➢ Knoblauch (1 große Zehe)	6
20 g	➢ Bergkäse	90
20 g	➢ Blauschimmelkäse	78
etwas	➢ Salz & Pfeffer	0
Gesamt:		**369**

Arbeitsablauf:

- Vorgekochte Nudeln (aus dem Kühlschrank) in einen Suppenteller geben.
- Knoblauch pressen oder schneiden und dazu geben.
- Mit Salz & Pfeffer würzen.
- Das Ganze gut vermischen.
- Käse würfelig schneiden und oben drauf geben.
- In der Mikrowelle 1 Minute bis 1,5 Minuten erhitzen.
- Den Käse mit den Nudeln gut vermischen.

<u>Foto Nudeln mit Käse und Knoblauch:</u>

Champignon-Sauce

(ca. 430 kcal)

Menge	Zutat	kcal
100 g	➢ Nudeln gekocht oder Reis (gekocht 120 kcal)	160
4 g	➢ Knoblauch (1 große Zehe)	6
40 g	➢ Bergkäse	144
Ein	➢ Ei	80
etwas	➢ Salz & Pfeffer, 12 g Mehl	40
Gesamt:		**430**

Arbeitsablauf:

- 3 große Champignons (ca. 50 g) waschen und in Scheiben schneiden.
- 1/8 Liter Wasser in eine Pfanne geben.
- Champignons in der Pfanne 3 Minuten sieden lassen.
- Eine Knoblauchzehe klein schneiden und mit 2-3 Spritzer Maggi in die Pfanne dazugeben.
- Ein Hühnerei dazu mischen und kurz weiter sieden lassen.
- 40 g würzigen Käse würfelig schneiden und dazu geben.
- Das Ganze sieden bis der Käse geschmolzen ist (bei ca. 100 Grad).

- Gut umrühren, damit sich der Käse nicht in der Pfanne anlegt.
- Etwas Salz und Pfeffer beimischen.
- Zum Schluss einen Teelöffel Weißmehl dazu stäuben und gut verrühren, sodass sich die Sauce bindet. Eventuell noch Mehl dazu geben, bis die Sauce zähflüssig genug ist.
- Die Petersilie erst zum Schluss dazugeben, weil durch die Hitze das Vitamin-C verloren geht.

Fotos Champignon-Sauce:

Man kann die Champignon-Sauce über Reis, Nudeln oder zerdrückte Kartoffeln geben, dann vermengen bis die pflanzliche Basis mit dem geschmolzenen Käse gut vermischt ist.

Kartoffeln mit Salz und Butter

(ca. 530 kcal)

Menge	Zutat	kcal
300 g	➢ Kartoffeln	215
44 g	➢ Butter	315
etwas	➢ Salz	0
Gesamt:		**530**

<u>Arbeitsablauf:</u>
- ¾ Liter Wasser mit dem Wasserkocher zum Kochen bringen.
- Kartoffeln auf die Größe der kleinsten Kartoffel schneiden.
- Kartoffeln in einen geeigneten Topf geben.
- Etwas Wasser in den Topf geben, bis der Boden bedeckt ist und zum Sieden bringen.
- Das kochende Wasser aus dem Wasserkocher dazu schütten.
- Die Kartoffeln im Topf 20 Minuten kochen, danach 2 Minuten stehen lassen. Bei einer Induktionsplatte kann man die Zeit evtl. einstellen.
- Das heiße Wasser ausgießen und kaltes Wasser in den Topf einfüllen. 1-2 Minuten warten, bis die Kartoffeln abgekühlt aber noch warm sind.

- Das Wasser ausgießen und die Schale von den Kartoffeln abziehen.
- Kartoffeln schneiden salzen.
- Kartoffeln mit (kaltem) Butter essen.

Kartoffeln mit Butter erhöhen den Glukosespiegel nur geringfügig. Hingegen Kartoffeln mit Sonnenblumenöl erhöhen den Glukosespiegel stark.

Auf Bratkartoffel verzichte ich lieber, weil sie auch den Blutzucker stark erhöhen. Außerdem enthalten zu kross gebratene Kartoffel zu viel Acrylamid.

Foto Kartoffeln mit Salz und Butter:

Forelle

(ca. 270 kcal)

Menge	Zutat	kcal
190 g	➢ Forelle	267
etwas	➢ Salz & Pfeffer	0
	Gesamt:	**267**

Arbeitsablauf:
- Den Kopf und die Endflosse wegschneiden.
- 2 bis 3 Minuten in der Mikrowelle mit einer Abdeckhaube erhitzen und garen.
- Salzen und evtl. pfeffern.

Als Beilage können gegartes Gemüse oder Kartoffeln mit Salz & Butter genommen werden, was natürlich die Anzahl der Kalorien, aber auch das Sättigungsgefühl entsprechend erhöht.

Erstaunlicherweise ist bei mir der Glukosespiegel nach so einer Fischspeise sogar gesunken.

Foto Forelle:

Der hohe Anteil an Eiweiß im Fisch wirkt sehr sättigend.

Lachsfilet

(ca. 300 kcal)

Menge	Zutat	kcal
154 g	➤ Lachsfilet mit Haut	300
etwas	➤ Petersilie (geschnitten)	0
	Gesamt:	**300**

Arbeitsablauf:

- Das Lachsfilet auf einem Teller 1 Minute in der Mikrowelle erhitzen. Es wird empfohlen dabei eine Abdeckhaube für Mikrowellen zu benutzen.
- Das Filet in der Mitte teilen und die Teile so drehen, dass der noch rohe Fleischanteil nach außen an den Tellerrand zeigt.
- Das Lachsfilet eine weitere Minute in der Mikrowelle garen.
- Den Fisch zerkleinern, damit er schneller abkühlt.
- Mit geschnittener Petersilie bestreuen.

Fotos Lachsfilet:

Lachs roh   nach 1 Minute   nach 1,5 Minuten   geschnitten, fertig.

Der hohe Anteil an Eiweiß im Fisch wirkt sehr sättigend.

Als Beilage können gegartes Gemüse oder Kartoffeln mit Salz & Butter genommen werden, was natürlich die Anzahl der Kalorien, aber auch das Sättigungsgefühl entsprechend erhöht.

Erstaunlicherweise ist bei mir nach einer Fischspeise mit Kartoffeln & Butter der Glukosespiegel sogar gesunken.

Sauce Tartare

Zutaten:
- 125 g Natur-Joghurt
- 125 g Sauerrahm
- Knoblauch (1 Zehe)
- Essiggurke
- Zitronensaft (½ Zitrone gepresst)
- Petersilie (frisch/gefroren, geschnitten)
- Salz & Pfeffer
- evtl. Mayonnaise

Arbeitsablauf:
- Knoblauch mit der Knoblauchpresse in ein leeres Gurkenglas pressen.
- Die Essiggurke schneiden und mit der Knoblauchpresse hinein drücken.
- Die halbe Zitrone auspressen und den Zitronensaft dazu geben.
- Petersilie klein schneiden und dazu geben.
- Salzen und pfeffern.
- Auf die Mayonnaise kann auch verzichtet werden.
- Das Glas verschließen und im Kühlschrank aufbewahren.

Fotos Sauce Tartare:

Fischstäbchen mit Sauce Tartare

(ca. 280 kcal)

Menge	Zutat	kcal
4 Stück	➢ Fischstäbchen	228
variabel	➢ Sauce Tartare (selbst gemacht)	52

Arbeitsablauf:

- Die 4 gefrorenen Fischstäbchen quadratisch angeordnet auf einen Teller legen, damit sie in der Mikrowelle gleichmäßig erhitzt werden.
- Die Stäbchen in der Mikrowelle 1,5 Minuten auf der zweit höchsten Stufe erhitzen.
- Die Stäbchen eng nebeneinander legen und mit der selbst gemachten Sauce Tartare bestreichen.

Der Vorteil in der Mikrowelle ist, dass man kein zusätzliches Öl wie in der Pfanne braucht. Somit reduziert sich die Kalorienanzahl stark.

Fotos Fischstäbchen mit Sauce Tartare:

Gemüse

Ich verwende dazu gefrorenes Gemüse, weil es immer verfügbar und genauso gesund ist wie frisches Gemüse.

Arbeitsablauf:

- Gefrorenes Gemüse in eine 0,25 Liter Tasse geben.
- 2 Minuten in der Mikrowelle bei zweit höchster Stufe erhitzen.
- Das aufgetaute Gemüse mit Messer und Gabel schneiden und umrühren.
- Nochmals 1 Minute in die Mikrowelle geben, dann müsste es gar sein.
- Mit Salz und Maggi oder Suppenpulver würzen.

Hühnerteile

Fleisch sollte nicht in der Mikrowelle, sondern mit Wasser gekocht werden. Die Kochdauer hängt von der Stärke der Hühnerteile ab. Flügel brauchen weniger Zeit als Schenkel und Hühnerkeulen.

Keulen müssen ca. 40 Minuten gekocht werden. Solange innen am Knochen noch Blut zu finden ist muss es weiter gekocht werden, weil man sich sonst Krankheiten einfangen kann.

Das Kochwasser kann man zum Schluss als Suppe verwenden, wenn es mit einem Suppenwürfel und Maggi gewürzt worden ist.

Zur Suppe kann man natürlich das ausgelöste Hühnerfleisch dazu geben. Auch Nudeln, die man separat oder gleich mitkochen kann, passen gut zur Suppe.

Erdnüsse / Walnüsse

(ca. 185 kcal, 0,3 g Salz)

30 Gramm Erdnüsse (gesalzen) in einer Nuss-Reibe bzw. Nuss-Mühle reiben. Als Gefäß nimmt man am besten wieder einen Suppenteller.

Man kann auch Cashew-Kerne mit dazu nehmen. Cashew-Kerne und Walnüsse enthalten mehr Magnesium als Erdnüsse.

Diese Menge sollte man maximal 3 mal am Tag essen.
Eine Portion hat ca. 185 kcal, mal 3 ergibt ca. 555 kcal.
100 Gramm gesalzene Erdnüsse enthalten ca. 1 Gramm Salz. Ein durchschnittlicher Mensch braucht jedoch 5 bis 6 Gramm Salz pro Tag.

Apfel-Joghurt

(ca. 85 kcal)

Menge	Zutat	kcal
½ Apfel	➢ Apfel	40
70 g	➢ Natur-Joghurt	45
etwas	➢ Flüssiger Süßstoff	0
Gesamt:		**85**

Arbeitsablauf:

- Den Apfel waschen und in der Mitte auseinander schneiden.
- 1 halben Apfel reiben (mittel grob) und in ein geeignetes Gefäß geben.
- 1 Spritzer Süßstoff dazugeben.
- 2 bis 3 Esslöffel Joghurt darunter mischen.

Foto Apfeljoghurt:

Bananen-Joghurt

(ca. 152 kcal)

Die Bananen müssen nicht im Kühlschrank aufbewahrt werden.

Menge	Zutat	kcal
115 g	➢ Banane	107
70 g	➢ Natur-Joghurt	45
etwas	➢ Flüssiger Süßstoff	0
Gesamt:		**152**

Arbeitsablauf:
- Eine mittelgroße Bananen mit der Hand drücken bis sie weicher wird.
- Die Banane schälen und in ein Suppenteller geben.
- Mit der Gabel zerdrücken, einen Spritzer Süßstoff dazugeben und vermengen.
- 2 bis 3 Esslöffel Joghurt unterrühren und gut vermischen.

Hier gilt die gleiche Theorie wie beim Erdbeer-Joghurt.
Diese Zwischenmahlzeit erhöht den Glucosespiegel nur leicht.

Foto Bananen-Joghurt:

Erdbeer-Joghurt

(ca. 68 kcal)

Die Beeren und das Joghurt sollten im Kühlschrank aufbewahrt werden.

Menge	Zutat	kcal
70 g	➢ Erdbeeren	23
70 g	➢ Natur-Joghurt	45
etwas	➢ Flüssiger Süßstoff	0
	Gesamt:	**68**

Arbeitsablauf:

- 4 große Erdbeeren (ca. 70 g) mit kalten Wasser waschen
- Das Grünzeug mit einem Messer entfernen und die Beeren in einen Suppenteller geben.
- Die Erdbeeren schneiden und mit einer Gabel zerdrücken.
- Einen Spritzer Süßstoff dazugeben, mischen und nochmals zerdrücken.
- Ca. 2-3 Esslöffel (70 g) Joghurt unterrühren und gut vermischen.

Meine These:

Der Fruchtzucker von den Erdbeeren wird im Magen später zu Glucose umgewandelt. Nachdem das Joghurt die Beeren umhüllt, muss zuerst das Joghurt vom Magen verdaut werden. Die Erdbeeren werden somit erst nach und nach zu Glucose umgewandelt, wodurch der Blutzucker nicht so weit nach oben steigt und der Körper über längere Zeit mit Energie versorgt wird.

Foto Erdbeer-Joghurt:

Ananas-Joghurt

(ca. 78 kcal)

Menge	Zutat	kcal
3 EL	➢ Ananas in Stücken aus der Dose	48
70 g	➢ Natur-Joghurt	45
etwas	➢ Flüssiger Süßstoff	0
Gesamt:		**93**

Arbeitsablauf:
- 3 Esslöffel Ananas-Stücke mit Saft in eine Tasse geben.
- 2 Esslöffel Joghurt dazu geben.
- 1 Spritzer flüssigen Süßstoff dazu geben und verrühren.

Alternative Vorbereitung:
Man kann vorher den Inhalt einer Dose mit Ananas-Stücken und Saft in einem Fruchtmixer zerkleinern und in ein leeres Grukenglas geben, dann verschlossen in den Kühlschrank stellen.

Foto Ananas-Joghurt:

Honig-Joghurt

(ca. 110 kcal)

Menge	Zutat	kcal
1 EL	➤ Honig	64
70 g	➤ Natur-Joghurt	45
etwas	➤ Flüssiger Süßstoff	0
Gesamt:		**109**

Arbeitsablauf:

- 3 bis 4 Esslöffel Joghurt mit 1 bis 2 Esslöffel Honig verrühren.

Das ist eine gut schmeckende Süßspeise, die den Blutzucker nicht beeinflussen dürfte.
Ideal für den kleinen Hunger zwischendurch, oder abends als Einschlafhilfe.

Blutzuckermessung:

Beim Honig-Joghurt hat sich mein Blutzucker nach einer Stunde nicht verändert. Das bedeutet, dass der Zucker vom Honig gar nicht oder nur geringfügig ins Blut übergegangen ist.

Foto Honig-Joghurt:

Hier auf dem Bild habe ich nur eine geringe
Menge an Joghurt genommen, trotzdem hat sich
der Zuckerspiegel nach 1 Std. nicht verändert.
Nach 2 Stunden ist der Zuckerspiegel sogar leicht
gesunken, ohne dazwischen Sport gemacht zu
haben.

Haferflocken

Bei der Zugabe von Haferflocken zu den Joghurts ist Vorsicht geboten. Sie erhöhen den Blutzuckerspiegel stark und sättigen nicht besonders lange.

Zu einem Joghurt-Rezept sollten maximal 15 bis 20 Gramm Haferflocken dazugegeben werden.

Die Haferflocken können vorher kurz in ein bisschen warmen Wasser eingeweicht werden.

Salatdressing

Zutaten:
➢ 2 EL Joghurt, kann mit Wasser verdünnt werden
➢ Dillspitzen (getrocknet) oder Knoblauch
➢ Salat Ihrer Wahl, oder Gurke, Tomate, ...
➢ Salz

Arbeitsablauf:
• Das frische Gemüse schneiden.
• Mit Joghurt und evtl. etwas Wasser mischen.

2. Getränke

Kakao mit Wasser

(ca. 32 kcal)

Zutaten:
- ➢ 1 Teelöffel Kakao (gehäuft, 8 g)
- ➢ ¼ Liter warmes Wasser
- ➢ Flüssiger Süßstoff

Arbeitsablauf:
- Eine Tasse (250 ml) mit warmen Wasser halb füllen.
- Einen gehäuften Teelöffel Kakaopulver hinein rühren.
- Einen Spritzer Süßstoff dazu geben und gut verrühren.
- Die Tasse mit warmen Wasser auffüllen und umrühren.

Verzichten Sie auf Milch. Vollmilch enthält viele Kalorien und sättigt nicht. Außerdem enthält sie Wachstumshormone, die bei der Gewichtsreduktion kontraproduktiv sind.
Besser sind fermentierte Milchprodukte, wie Joghurt und Käse. 250 Gramm Joghurt pro Tag stellen kein Problem dar.

Wenn Sie mehrmals am Tag diesen Kakao trinken, werden Sie keinen Appetit mehr auf Schokolade bekommen.

Zitronenwasser

(ca. 15 kcal)

Zutaten:
- ➤ ½ Zitrone
- ➤ ½ Liter kaltes Leitungswasser
- ➤ Flüssiger Süßstoff

Arbeitsablauf:
- Die halbe Zitrone mit der Zitronenpresse auspressen.
- Kaltes Leitungswasser über die Presse gießen.
- Den Saft in ein 0,5 Liter Glas geben.
- Zwei Spritzer Süßstoff dazu geben.
- Den Rest des Glases mit Leitungswasser auffüllen und umrühren.

Dieses Getränk ist sehr gesund, fruchtig und durstlöschend.

Limonaden zuckerfrei mit Leitungswasser

Es gibt schon in einigen Geschäften Limonaden, die mit Süßstoff gesüßt werden und kaum Kalorien aufweisen. Z.B. Orangenlimo Zero, Zitronenlimo Zero, Kräuterlimo Light usw.
Auf Cola, das nur Aspartam als Süßstoff enthält, sollte verzichtet werden.

Da Limonaden sehr viel Kohlensäure enthalten, sollte man diese mit einen Schuss Leitungswasser verdünnen.

Übrigens: Kohlensäure, z.B. in Sodawasser enthalten, verhindert erfahrungsgemäß eher das Abnehmen.

Tee trinkfertig zubereiten

(ca. 0 kcal)

<u>Arbeitsablauf:</u>
- Geben Sie 750 ml kochendes Wasser in ein Metallgefäß.
- 2 Teebeutel im Wasser ziehen lassen.
- Nach der Ziehzeit eine Tasse kaltes Leitungswasser dazu geben.
- 2 Spritzer flüssigen Süßstoff hineingeben und umrühren.

Fertig ist der Tee ohne dass man sich den Mund verbrüht.

Filterkaffee

(ca. 0 kcal)

Arbeitsablauf:
- Verwenden Sie 1/8 Liter Wasser weniger als üblich.
- Den heißen Kaffee in ein Metallgefäß leeren.
- 1/8 Liter kaltes Leitungswasser dazugeben, damit der Kaffee schneller abkühlt.
- 2 Spritzer flüssigen Süßstoff bei einem halben Liter Kaffee dazugeben.

In dem Filter wird ungesundes Öl zurückgehalten. Trinken Sie nicht mehr als 4 Tassen (1 Liter) Kaffee pro Tag, weil durch das Rösten der Kaffeebohnen schädliches Acrylamid entsteht. Das ist abhängig davon, wie stark die Bohnen beim Rösten erhitzt wurden.

Orangensaftkonzentrat zuckerfrei

(ca. 2 kcal)

Es gibt schon zuckerfreien Verdünnungssaft der mit Süßstoffen hergestellt wird.
Der Geschmack und die Qualität ist je nach Hersteller unterschiedlich. Manchmal ist auch Vitamin-C beigemengt.

Essigwasser

Hierzu gibt man einen Esslöffel Essig (ihrer Wahl) in ein Glas Wasser. Man sollte 2 Gläser pro Tag, morgens und abends vor dem Essen trinken. Das vermindert den Anstieg des Glucosespiegels und reinigt angeblich auch die Adern von Ablagerungen.

Ingwer-Tee

Man schneide ca. 7 Scheiben Ingwer und gibt diese in 1 Liter kochendes Wasser. Dann 10 Minuten ziehen lassen und anschließend abseihen.

Ananas Cocktail

Man gebe eine Dose Ananasstücke mit ca. 567 Gramm Nettogewicht in einen Standmixer und mache Ananasmus daraus. Anschließend den Inhalt in ein leeres und sauberes Gurkenglas leeren, das dann im Kühlschrank aufbewahrt werden sollte.

Arbeitsablauf:
- 2 bis 3 EL Ananasmus in ein 250-ml-Glas geben
- Einen Spritzer flüssigen Süßstoff dazu geben
- Ungefähr 2 EL Joghurt drauf geben
- Das restliche Glas mit kaltem Leitungswasser auffüllen
- Umrühren und gut vermengen

Statt Joghurt kann auch Bio-Bergbauernmilch verwendet werden.

Pfirsich Cocktail

Man gebe eine Dose Pfirsichstücke mit ca. 567 Gramm Nettogewicht in einen Standmixer und mache Mus daraus. Anschließend den Inhalt in ein leeres und sauberes Gurkenglas leeren, das dann im Kühlschrank aufbewahrt werden sollte.

Arbeitsablauf:
- 2 bis 3 EL Pfirsichmus in ein 250-ml-Glas geben
- Einen Spritzer flüssigen Süßstoff dazu geben
- Ungefähr 2 EL Joghurt drauf geben
- Das restliche Glas mit kaltem Leitungswasser auffüllen
- Umrühren und gut vermengen

Statt Joghurt kann auch Bio-Bergbauernmilch verwendet werden.

Erdbeer Cocktail

Man befülle einen Standmixer mit Erdbeeren und mache Mus daraus. Anschließend den Inhalt in ein leeres und sauberes Gurkenglas leeren, das dann im Kühlschrank aufbewahrt werden sollte.
Statt Erdbeeren können auch andere Arten von Beeren wie Blaubeeren und Himbeeren verwendet werden.

Arbeitsablauf:
- 2 bis 3 EL Mus in ein 250-ml-Glas geben
- Einen Spritzer flüssigen Süßstoff dazu geben
- Ungefähr 2 EL Joghurt drauf geben
- Das restliche Glas mit kaltem Leitungswasser auffüllen
- Umrühren und gut vermengen

Statt Joghurt kann auch Bio-Bergbauernmilch verwendet werden.

2.12 Bananen Cocktail

Arbeitsablauf:
- Man zerdrücke eine Banane mit der Gabel in einem Suppenteller
- Einen Spritzer flüssigen Süßstoff dazu geben und weiter zerdrücken
- 3 EL Bananenmus davon in ein 250-ml-Glas geben
- Ungefähr 2 EL Joghurt dazu geben
- Das restliche Glas mit kaltem Leitungswasser auffüllen
- Umrühren und gut vermengen

Statt Joghurt kann auch Bio-Bergbauernmilch verwendet werden.

Kakao als optionale Zutat:
Nach dem Joghurt 1 TL Kakaopulver darunter mischen um einen Schoko-Bananen Geschmack zu erzielen. Dann erst das Wasser dazu geben und umrühren.

Ayran

Man vermische Naturjoghurt mit Wasser und einer Brise Salz. Die Menge davon hängt natürlich von den eigenen Bedürfnissen ab.

3. Was man nicht essen sollte

Acrylamid

Durch das Erhitzen von Zucker oder stärkehaltigen Lebensmittel, wie Mehl und Kartoffeln ab 120 Grad Celsius entsteht Acrylamid. Ab 170 Grad bildet sich besonders viel Acrylamid.
Fleisch ist davon nicht betroffen, es sollte aber auch nicht zu stark erhitzt werden.

Als Quelle für Kohlehydrate verwende ich Reis, Nudeln und Kartoffeln. Gekocht sind sie sehr wasserreich und dadurch besser für die Verdauung.

Beispiele von ungesunden Lebensmitteln, die das Abnehmen verhindern und mit Acrylamid belastet sind:

- Pommes Frites
- Kartoffelchips
- zu kross gebratene Kartoffeln

Brötchen bzw. Semmeln sind hier eine Ausnahme. Es ist gesetzlich vorgeschrieben, dass sie nicht zu heiß gebacken werden und den Acrylamid-Grenzwert nicht überschreiten dürfen. Je heller desto besser.

Zucker

Dass Industriezucker für den Körper schädlich ist, ist ja hinreichend bekannt. Vermeiden Sie lieber alles, das Zucker enthält. Verzichten Sie auf Getränke mit Glucose, Fruktose, Dextrose. (Alle Zusatzstoffe die auf „ose" enden).

Der Appetit auf Süßes kann durch Obst-Joghurts, Honig-Joghurt und Kakao mit Wasser und Süßstoff gestillt werden.

Milchprodukte eingeschränkt

Trinken Sie statt normaler Milch eine Bio-Bergbauernmilch und davon zusammen mit Joghurt nur 250 Gramm bzw. 250 Milliliter pro Tag.

Die Menge von Käse beschränken, damit die Gesamtkalorienzahl im Rahmen bleibt.

Öle und Fette

Die Verwendung von Pflanzenölen sollte auf ein Minimum reduziert werden. Nehmen Sie höchstens 1 bis 2 Esslöffel Öl pro Tag zu sich. Hier gilt es bei den Salat Dressings aufzupassen.

Pflanzenöl enthält aber Vitamin-E und löst die fettlöslichen Stoffe, wie
Vitamin A, D und K aus dem Salat und Gemüse. Rapsöl oder Lachs enthalten eine ausgewogene Omega-3/6-Fettsäuren-Kombination.

Ein Esslöffel Pflanzenöl hat ca. 90 kcal.

Essen Sie keine Speisen mit erhitztem Butter, wie z.B. Blätterteig-Produkte.

Fisch und Nüsse enthalten auch gesundes Fett.

Wurst- und Fleischwaren

Fleischprodukte sollten nur in geringen Mengen und selten gegessen werden.
Was man kochen bzw. braten kann ist Hühnerfleisch, Pute und Fischarten mit Schuppen

die sich leicht lösen lassen, wie z.B. Forelle und Lachs.

Nicht verzehrt werden sollte:
- Schwein
- Kalb, Rind
- Reptilien
- Hunde, Katzen
- Pferdefleisch
- Meeresfrüchte

4. Haushaltstipps

Kaffeemaschine entkalken

- Geben Sie ein Glas Essig und 2 Gläser Wasser in den Wassertank der Maschine.
- Wenn die Hälfte des Essigwassers durch ist, schalten Sie die Kaffeemaschine aus.
- 20 Minuten warten, damit sich der Kalk in den Leitungen lösen kann.
- Den Rest des Essigwassers durchlassen und weg leeren.
- Einen halben Liter Wasser durchlassen und die Kanne ausspülen.

Nach der Reinigung sollte ein halber Liter Kaffee nach nur 5 Minuten durchgelaufen sein.

Abwaschen ohne Geschirrspülmittel

Ich empfehle gleich nach dem Essen das Geschirr händisch zu waschen, damit die Speisereste nicht eintrocknen können und dann der Abwasch noch aufwändiger wird.
Wenn das Geschirr nicht zu fettig ist, genügt es mit einem Schwamm und mit den Fingerspitzen das Geschirr zu waschen. Ansonsten muss man Spülmittel verwenden.
Bedenken Sie bitte, dass zu viel Spülmittel und Geschirrspül-Tabs eine Belastung für die Umwelt darstellen können.

Teller trocknen

Wenn die Teller senkrecht bzw. schräg aufgestellt werden, trocknen sie innerhalb weniger Minuten.
Die Zeit für das Abtrocknen mit dem Geschirrtuch kann man sich oft ersparen.

Obstteller sichtbar aufstellen

Wenn der kleine Hunger kommt ist es hilfreich wenn eine Schüssel oder ein Teller mit Obst in der Küche steht.
Somit fällt es Ihnen leichter sich für ein Obst-Joghurt zu entscheiden.

5. Gerätschaften

Benötigte Geräte und Utensilien

- Mikrowellengerät
- Wasserkocher
- Standmixer und/oder Stabmixer
- Küchenwaage
- Kühlschrank
- Gefrierbox
- Topf mit Deckel
- Induktionsplatten oder Herdplatten
- Knoblauchpresse
- Zitronenpresse
- Haushaltsgeschirr und Besteck
- Leere Gurkengläser

Induktionsplatten haben den Vorteil, dass man die Temperatur und die Kochzeit einstellen kann. Stellen Sie dann aber auch sicher, dass das Kochgeschirr Induktionstauglich ist.

6. Lebensmittel

Verwendete Lebensmittel und Zutaten

Lebensmittel	Aufbewahrung
Reis	
Nudeln	
Kartoffeln	Kühlschrank
Fisch frisch oder gefroren	
Gemüse gefroren	Gefrierfach
Champignons	Kühlschrank
Käse, diverse Sorten, gereift	Kühlschrank
Eier	Kühlschrank
Knoblauch, Zwiebel	
Salz & Pfeffer	
Curry	
Petersilie / Schnittlauch frisch	Gefrierfach
Obst (Bananen, Äpfel, Ananas, ...)	
Zitronen	Kühlschrank
Joghurt	Kühlschrank
Honig	

Süßstoff flüssig	
Nusskerne	
Kakao	
Tee	
Limonaden zuckerfrei	Kühlschrank

7. Impressum

Erscheinungsdatum:
10. November 2023   Als eBook

Autor:
Lothar Klaffenböck
Seiseneggergang 12
A-4020 Linz

E-Mail:
alex.richarts@gmail.com

Für die Zuverlässigkeit des Inhalts wird keine Haftung übernommen. Die Erkenntnisse basieren nur auf die Erfahrungswerte eines einzelnen Diabetikers.

Für die Kalorienangaben und die gesundheitliche Wirkung kann keine Garantie gegeben werden.

Anhang Tagesprotokoll Glucosespiegel

Datum:	Tag:	
Essen oder Getränk	Messung Vorher	Messung Nachher

Datum:	Tag:	
Essen oder Getränk	Messung Vorher	Messung Nachher

Datum:	Tag:	
Essen oder Getränk	Messung Vorher	Messung Nachher

Seite: 75

Datum:		Tag:	
Essen oder Getränk		Messung Vorher	Messung Nachher

Datum:	Tag:	
Essen oder Getränk	Messung Vorher	Messung Nachher

Datum:	Tag:	
Essen oder Getränk	Messung Vorher	Messung Nachher

Datum:	Tag:	
Essen oder Getränk	Messung Vorher	Messung Nachher

Printed in Great Britain
by Amazon

33274916R00046